COLECÇÃO

PRAZERES POÉTICOS

Chiado Editora

chiadoeditora.com

Um livro vai para além de um objecto. É um encontro entre duas pessoas através da palavra escrita. É esse encontro entre autores e leitores que a Chiado Editora procura todos os dias, trabalhando cada livro com a dedicação de uma obra única e derradeira, seguindo a máxima pessoana "põe tudo quanto és no mínimo que fazes". Queremos que este livro seja um desafio para si. O nosso desafio é merecer que este livro faça parte da sua vida.

chiadoeditora.com

Portugal | Brasil | Angola | Cabo Verde
Avenida da Liberdade
Nº 166, 1º Andar
1250-166 Lisboa
Portugal

Espanha
Calle Gran Vía
71 - 2ª planta
28013 Madrid
España

França | Bélgica | Luxemburgo
Porte de Paris
50 Avenue du President Wilson
Bâtiment 112
La Plaine St Denis 93214
France

Alemanha
Kurfürstendamm 21
10719 Berlin
Deutschland

U.K | U.S.A | Irlanda
Kemp House
152 City Road
London
EC1CV 2NX

E-mail: info@chiadoeditora.com

Título: Coração de Tinta
Coordenação editorial: Martina Ricci
Composição gráfica: Ana Curro – Departamento Gráfico
Capa: Ana Curro – Departamento Gráfico
Revisão: Ana Pereira

Impressão e acabamento: *Chiado Print*
1.ª edição: Outubro 2013

ISBN: 978-989-51-0537-3
Depósito Legal n.º 361275/13

ANA PEREIRA

CORAÇÃO DE TINTA

Chiado Editora

Portugal | Brasil | Angola | Cabo Verde

Se escrevo o que sinto é porque assim diminuo a febre de sentir. O que confesso não tem importância, pois nada tem importância. Faço paisagens com o que sinto.

Fernando Pessoa

Autópsia

Escrevo o que não sinto,
Revivendo o que senti.
Recorro ao método científico
Para não toldar o pensamento,
Pego no bisturi da razão
Para conferir discernimento.
Nessa maca esterilizada,
Branca folha de papel,
Estendo o corpo morto de sentimentos
Que abro lentamente
Com pequenos cortes perfeitos.
Espreito por essa janela
Para efetuar a palpação
Nessa anatomia do poema
Que não tem coração.
Morreu.
E as feridas foram abertas
Com o prazer que já não é seu.
Já não ardem com o mar salgado,
São apenas os restos mortais
De quem se sentiu noutra realidade,
E é nesse momento da autópsia
Que o poeta sente a liberdade

Retratada a preto e branco
Na emergência de uma alucinação (quase) fingida,
Ressuscita na "maca" esse corpo
Na arte morta que é a escrita acabada,
Ressuscitada pelo olhar de quem lê
E de quem sente: já não é o poeta, és tu.

Omito o sentir

Omito o sentir nas palavras descaradas
Com as quais faço paisagens.
Omito o sentir que se cola na palma da mão
E que me escorre dos dedos através da tinta
Que corre neste coração.
Omito o sentir
Para acalmar estas línguas de fogo
Que consomem este pedaço de papel que rasguei
E larguei ao vento
Num simples suspiro, num lamento,
Como a guitarra que chora com o vibrar
Das cordas do coração que transluz de saudade.
Omito o sentir
Mas não procuro as palavras ideais,
Agarro as que me ajudam a pintar esta tela de sentimentos
| reais.
Omito o sentir,
Não nas palavras escritas, mas nas que ficaram por dizer.
São entrelinhas que é necessário esconder.

A morte poética

Os poemas que moram nos meus olhos
São sorrisos de inverno.
E é no verso
Que se comtempla toda a força do Universo.
São as águas que mordem a terra ternamente
Sem medo das sombras
Que vagueiam subtilmente
Enquanto Sol flutua no céu.
E é no mar da poesia
Que mergulho a minha caneta
E espalho um pouco de magia.
Para isso preciso de *morrer* no poema.
Invoco o silêncio
Enquanto baloiço na corda dos sentidos
E, nos ramos da noite, fico e*nforcada*.
Foge o que me entristece
Enquanto a hora tece
A *dor* que faz o peito apertar.
Fica o arrepio na pele
E não consigo respirar,
Por isso tenho de escrever
Para me conseguir libertar.
Tendo a fria claridade do luar

Como testemunha da *morte* que ocorreu,
A alma arrefeceu,
Mas algo a ressuscita
Quando a alma fica inscrita na folha em branco.
E apenas fica o pensamento
Amanhã é um bom dia para morrer (de novo).

Para ti, que te encontro

Para ti, que te encontro,
Ofereço o mundo inteiro com a ponta
Da pena no tinteiro.
As mãos, muitas vezes vazias
Das partes que constituem o todo,
Completamente frias e magoadas,
Percorrem estantes de fantasia forradas
com alegrias, tristezas e desejos,
iluminadas tenuemente com o luar
Que deixa antever a corda de sonho
Em que balanço
Leve, breve, suavemente.
Com o sorriso escondido atrás das palavras de papel,
desfazem-se por entre os dedos
Que se banham nas águas do teu olhar,
Tão doce como o desejo
De te encontrar no luar que ilumina a alma
Percetível da janela do silêncio.

Sou talvez a visão que Alguém sonhou,
Alguém que veio ao mundo pra me ver,
E que nunca na vida me encontrou
Florbela Espanca

O anjo de asas caídas

No meu castelo de ruínas,
O meu corpo vagueava
Como um fantasma vagabundo,
Com roupas de sombra para cobrir o que não se via.
No fundo das entranhas,
Revolvia-me uma vontade estranha:
Partir a alma em mil pedaços
E assim morrer, para não sentir,
E poder viver.
Revolviam-me as sombras numa pura ilusão
Que me acordavam das insónias.
E no sonho que já não se ouvia
Palpitava o coração que não sentia.
Via um vulto que me guiava de repente
E me estendia a mão lentamente.
Dava-lhe a minha Vida,
Inconsciente.
Beijava-me o corpo docemente
E, no seu canto de embalar, dizia:
Não és nada. Nunca serás nada.
E eu olhava para o fundo e dizia:
Ninguém me vê.
Perdi-me nos versos que alguém lê.

Era sombra da sombra
que vagueava na rua.
Já não amanhecia
pois a luz já não nascia.
Matei-a, confesso.
As escadas ocas serviram para subir
até à torre mais alta
Para ouvir os sinos dobrar
Quando o sono vinha para mim:
Mero silêncio.
Agora não digas nada….
Sou uma sombra leve,
Anjo das asas caídas.

A Insónia

O meu quarto é o meu mundo
Nesse mundo mora alguém
Não sei se esse *alguém* me ama
Não reconheço ninguém.
Existe uma voz que me olha
Quando tudo adormeceu.
Incessantemente,
Toca no meu corpo,
Mas não sabe ele
Que a alma morreu.
Olha-me em silêncio
Quando não o posso ver,
Quando abro os olhos
Fico cega com a luz da sombra
Que me ofusca.
Tento fugir dessa sombra
Peço à luz que não se esconda.
Agora não consigo dormir
Talvez tenha de esperar,
Talvez amanhã tenha o meu momento.
Agora retiro a máscara
Não me reconheço
Estou envelhecida

Parti o espelho.
Junto os pedaços
E só vejo parte de mim.

A mulher de negro

Acordei e olhei para o espelho,
Vi um rosto velho
E um olhar mortiço,
O cabelo negro comprido
Em perfeito desalinho.
O sino dobra a agonia
Do correr do dia.
Vou sair e descer a avenida.
A luz morre no meu vestido negro.
Olho para o céu e vejo uma luz pequenina
Que brilha sozinha,
Tão sozinha como eu.
As pálpebras descem
E a noite debruça-se sobre mim,
Triste e negra.
Carrega a saudade que em mim tenho.
Nos meus lábios, algo vai morrendo,
As minhas redes prendem o teu amor, tão vasto como o céu,
Às saudades que trazia comigo.
Uma nova esperança vejo nos olhos da saudade,
Um novo amor florescerá em mim
Da cor do jasmim,
E que colherei para ti.

A vida é a arte do encontro
Vinicius de Morais

Leva-me contigo

A chama que acendeste no meu mundo
Fez ressurgir este desejo profundo,
Amar (te) perdidamente.
Quero estar contigo
Ver o teu sorriso
Ver o teu olhar.
Inspiram-me as palavras que não consigo articular
E que são as algemas que me prendem
A ti.
Quero dizê-las
Quero que as consigas escutar.
Por isso peço-te,
Leva-me contigo na palma da tua mão
Liberta-me das amarras que me prenderam à solidão.
Entrego esta alma prisioneira dos teus encantos e desejos,
Quero estar contigo pois o teu mundo
É o meu lugar,
Onde o tempo ficou parado e o meu coração ficou
| ancorado
No cais do teu ser,
Porque este amor é teu.
Será que não (me) vês?
Será que não (me) lês?

Será que não (me) sentes?
Beijo-te em pensamento,
Abraço-te no regaço do sentimento.
Sem artifícios nem palavras soltas,
Digo que te desejo.
E te sussurro em segredo
Que te amo perdidamente, mas necessitas
Libertar o amor que sinto por ti,
Pois as minhas mãos estão amarradas ao que é teu.
Pois no fundo eu sei……
Que eu sou a tua *Musa* e tu és o meu *Romeu.*

A janela discreta

Abrimos uma janela discreta
Onde a Musa se debruçou *para te ouvir "cantar"*
Numa voz tão melodiosa
Tantas vezes desejosa....

Nessa janela discreta, vislumbro o teu rosto jovem
Lembro o teu olhar
Que anseio por tocar.
Esse olhar que transforma o que sente numa chama
Que queima a pele de quem o ama
Essa chama que consome a alma da Musa que sente mas
| não o diz,
Mas num suspiro deseja que fiques aqui.
Nessa janela discreta que ficou entreaberta
Entraste tu, com o teu encanto
E derrubaste esse pranto que destrói os inocentes.
Tens, no olhar, a intensidade de um beijo
E nas mãos a força de um desejo: encontrar a Musa que te
| ama
Que se prende e agarra ao corpo que é teu.
E tu, Poeta, que cantas as suas odisseias,
Continuas a usar as linhas de suporte para tecer
A teia que a prendeu a ti.

Essa Musa, eterna feiticeira dos teus sonhos, ao acordares,
Desejas senti-la na intimidade,
Ver o seu olhar,
Ler a sua alma com a palma da mão
E possui-la com firmeza para que ela tenha a certeza
Que não pertence a mais ninguém.
Ouvi-la querer-te é o que desejas.
Ela será Tua, na eternidade da palavra cantada por ti,
Mas permanecerá, para sempre,
A lembrança do abraço
De uma noite, na qual determinaste o destino.
"És minha para sempre,
Mesmo que no final da história morramos os dois".

Nas margens

Nas margens do teu corpo,
Numa tarde sombria
De um solo que é teu,
Uma rosa negra floresceu e, lentamente,
As suas pétalas estendeu.
E foi com a sua seiva
Que um Poeta escreveu as Palavras
Rosa silvestre, Amor meu,
quero que sejas minha pois eu já sou teu.
Cresceu essa Rosa com as palavras faladas
ao ouvido pelo vento que passou.
Com a água cristalina, que ao passar a refrescou,
E o Amor, fertilizante do qual o Jardineiro abriu mão.
Lentamente, floresceu
como um beijo que pousou nos teus lábios
com a frescura dos aromas que não há,
Mas que polvilham as tuas fantasias de mel.
E as tuas mãos acolhem esse desabrochar
No instante em que a sombra de Luz se cobriu.

O Canto

Parti rumo à Primavera, que no meu interior se escondeu.
Já não me lembrava como era a primavera
Pois, sem dar por isso, entardeceu.
E foi assim que surgi aos teus olhos
Simplesmente tardia
Quando a luz morria nesse dia.
Trazia na voz o Canto que era meu e teu
E era fruto do Amor tardio
Que deixámos morrer lentamente no pachorrento morrer
| do dia
Quando tardámos no beijo
Que na boca pendia.
Ficámos à luz dessa chama que lentamente morria
E que acordou com o beijo que tardou
E que os nossos corpos estremeceu com o arrepio
Mergulhado nas vontades e fantasias
Que trazíamos espelhadas no olhar nesse dia.
No silêncio do momento, que de beijos e carícias se
| preencheu,
Ficámos embalados pelos braços
Desse Canto de Amor que partilhamos
Quando surgi tardia, de mãos vazias,
E despida de mágoa e nostalgia,

Envergando simplesmente o Canto que vinha do fundo
| dos teus olhos.
O Canto que se fundiu em Nós
Como se cantássemos a uma só Voz
Quando o beijo tardio, parou o tempo.

E é amar-te assim perdidamente
é seres alma, e sangue, e vida em mim.
Florbela Espanca

São rosas, senhor

São rosas, senhor, as que trago no regaço,
Aquelas que colhi no jardim
Com a certeza que não se esquecerá de mim.
Ofereço a beleza que reflete a essência do que sinto por si.
É uma beleza morta, bem sei, aquela que lhe ofereço.
Mas sei que me oferece mais do que aquilo que mereço.
É pouco, na verdade, o que trago nas minhas mãos, tão
| vazias de si,
Mas tão cheias de fantasias e desejos.
É uma simples donzela que lhe oferece rosas
Rosas com delicadeza
Rosas com beleza
Rosas que escondem a dor.
São rosas o que lhe ofereço,
Rosas em botão como se fossem beijos,
Os espinhos como se fossem lembranças….
E, o perfume, como afrodisíaco que povoa a mente dos
| inocentes.

O Amor que sinto

És o poema que escrevo em mim
Como uma tatuagem
Que gravo na realidade que piso,
Que apago e aliso
Num simples abraçar de palavras.
Quero, assim, a chama que não conheci.
És o corpo e o beijo em flor,
És o amor que vive no jardim,
Mas também a melodia,
Um cheiro de maresia
E a tinta com que escrevo toda esta poesia.
És a noite e o dia,
O luar do amanhecer
Onde procuro o teu ser
No envolvimento do sentir
De uma paixão.
És a loucura que reconheci
Nas noites em que me perdi e te vi
Doce, quente e intenso,
Um eterno amante.

Amor submisso

Deixo-me vaguear pelas ruas caiadas
Com Esse amor submisso que envergo nas roupas rasgadas
Com que visto o meu corpo.
Esse amor, tão ardente,
Faz-me sentir diferente
A cada passo que dou.
Olho para lá no horizonte e não sei quem sou,
Mas sei que existo e, nesse exato momento, me dou.
Esse amor tão singelo
Que me faz medo perdê-lo a cada esquina que dobro,
Esse amor submisso
que guardo como se fosse preciso
Escondê-lo de quem não o vê.
Esse amor submisso que, na simplicidade da sala,
Deixou a cadeira a baloiçar
Num simples repousar de corpos adormecidos.
Esse amor submisso
Que deixa entrar pela janela
O raio de sol que nos paralisa, aquece e imobiliza
Com a sua enorme beleza.
Esse amor submisso
Que nos faz sentir com o coração
Que nos faz nunca dizer não.

Esse amor submisso
Que nos faz querer estar presos ao incerto
Desejando ter por certo o amor desconhecido.

Esse desejo

É esse desejo latente que me faz sentir diferente
e caminhar por entre a gente
mostrando aquilo que sou.
É esse desejo latente
de te amar perdidamente,
como se da minha morte se tratasse,
Que me faz mergulhar nessa realidade
e correr contra a vontade
de te encontrar.
Esse desejo latente,
Que me faz estender sobre a tua fantasia,
Despe-me de toda a artificialidade
E faz da tua vontade a minha.
E é, nesse momento em que nos deitamos
sobre a noite de volúpias,
Que estendo o meu corpo ao teu
E me deixo enveredar
pelo teu suspiro, que aflora na minha pele
e que me lembra,
na minha memória morta,
que devo amar perdidamente.

O beijo bordado

Não há amor maior
Que aquele que sinto por ti,
Não há amor que mais me envolva
Como aquele que arde em lume brando
No espelho do meu rio.
Hoje estás deitado
E eu deixo os meus olhos repousar
No azul do teu céu.
Atiro-me ao Universo
Vou descer da Lua
E acordar-te com um abraço,
Dar-me de corpo e alma nua
Onde trago o teu beijo bordado.

São as linhas do teu corpo o modelo das minhas ânsias, o
caminho dos meus beijos e o íman dos meus olhares.

António Machado

O encanto

Despi o amor
Tornei-me um corpo vazio
Via o mundo ao contrário
Achava as coisas estranhas
E as dores eram tamanhas
Bateram à porta

Amor, entra à vontade, pois já esperava que voltasses
Não me olhes dessa maneira
Já te conheço bem demais
Mas conheço esse olhar
Não lhe resisto e tu bem sabes.
Tenho raiva que assim seja.
Podes tocar no que vês, pois é teu.

Ouve-se um canto profundo
Vindo do fim do mundo.

Meu amor quero que fiques à vontade.
Não quero que vás
pois é muito possível que amanha te peça para voltar.
Tenho as mãos abertas e os olhos fechados para
| as histórias de encantar

Já não sou Cinderela
Tenho muito pouco para te dar.
Sou a bruxa má que comeu a maçã
Mas afinal quem ficou encantado foste tu
e quem caiu (nos teus braços) fui eu.

Bailado de sedução

Não consigo tirar os olhos de ti
Mesmo que queira não consigo
Abro os olhos e consigo ver-te
Adormeço e consigo sentir-te
Num simples bailado de sedução
Em que permanecemos bem juntos
Tudo parece parar e nada mais importa
Conseguimos sentir, num simples toque,
Todos os contornos dos corpos.
O que fica, é a intensidade desse momento
Em que tudo acontece mas nada se vê.
Sentes o perfume.
Consegues delinear com os teus dedos
Todas as curvas desse corpo que tens entre mãos.
E, no momento da partida, fica apenas um pedido
que faz o tempo parar
"Espera, dá-me um beijo"
"Queres um beijo meu?"
Numa atitude de desafio, ficamos encostados
À espera que o inevitável aconteça
E o tempo volta a contar
A partir do momento em que os nossos lábios se tocam.
Porque, afinal, o tempo aqui mede-se a partir de um beijo

Que termina, simplesmente, não com um adeus, mas com
| *Amo-te.*
Nesse momento abro as janelas do meu corpo: o meu
| olhar...

Num sonho meu

Estava perdida na corrida contra o tempo.
Permanecendo o momento
Longe do teu Amor que não recordava.
Mas num dia qualquer, o nevoeiro dissipou-se
Quando num sussurro silencioso
Te pedi que me levasses os medos
E libertasses o que sinto em mim.
Nesse frágil momento,
Fechaste os braços para me ter
E eu deixei-me cair no relógio do esquecimento
Para ficar contigo uma vez mais.
Recordo o sentir de ti
Quando te deixei um pedaço de mim
Nas tuas mãos meias cheias de Amor,
Meias cheias de desejo e vontade,
Simplesmente repletas da minha ausência.
Foi um beijo (in) acabado
Que tocou nos teus lábios brevemente por longos momentos,
Num gesto naturalmente sentido:
Quente, doce e intenso como o profundo Amor que nos
| *une.*

É segredo

Meu amor, meu amante,
Conto-te um segredo que nunca ninguém ouviu:
Já fui cisne, já fui musa, já fui gelo, já fui nada
E como Fénix renasci.
Hoje sou feita de sonhos
E, como donzela, deleito-me aos teus olhos
Oferecendo-te rosas brancas.
Nessa necessidade do toque, que me inflama,
E do teu corpo saudosa,
no espaço e no tempo
Me lanço ansiosa
no noturno movimento.
Ao bater das horas, no correr da noite,
Sinto o gemer da agonia de não te ver chegar.
Chegas no final do tempo.
Sinto na boca o sangue a latejar
Nessa necessidade infernal de te querer beijar.
Esses beijos profundos como os espinhos que se cravam
| na pele,
dessas rosas que te trago,
Mas sedosos como o mel.
São eles que me colocam entre a espada e a parede
E a minha pele pálida e frágil

Se rasga perante ti
Quando as rosas me arrancas.
E o meu corpo, em trevas infernais,
traz esses beijos de volúpia
e cravo, felinamente, no teu peito como garras,
os meus dedos,
para que não fiques longe de mim.

Silêncio noturno

À noite, à hora da ansiedade,
Lugar meu, hora minha,
Anseio pelos teus beijos e pelo teu toque.
Ouço a escuridão que é a música da noite
Desejo que venhas,
Que deixes que ela te leve os sentidos
e te envolva com as sensações.
Deixa florescer o fogo do teu desejo
Nas sombras que cobrem o corpo teu
E o meu com um véu,
Nas sombras em que a noite se tornou.
Vem…. Torna-te prisioneiro dessa "noite"
E deleita-te com o corpo que queres para ti,
Que te dará a outra face:
A face do desejo,
A face da fantasia.
O silêncio abre as mãos
E a tua boca fica ao pé da minha
E desabrocha lentamente
Nas noites luxuriantes,
Nas noites quentes,
Em beijos sensuais e ardentes,

Em que fazes do teu querer o meu…
E ardemos nessa chama silenciosamente explosiva.

Ao cair da noite

Nessa noite de um encanto soluçado
Quero que digas, bem junto ao meu ouvido,
Qual é o teu pecado.
Grita-me isso num gemido
Tão desfeito
Como as brasas que espalharás pelos meus lábios.
Nas minhas mãos, deixarás o perfume quente
Que aquece a minha pele,
Cálida e inocente.
Tira dos meus olhos a cor
Para pincelares com as tuas mãos
O Amor que te foge por entre os dedos,
Que se entrelaçam nos meus medos
Sob a neve que o inverno traz
E que, com o Sol da tua boca,
Nessa tua primavera se desfaz.
E, nesse momento,
Serei tua num dia de chuva
com o sol dentro de nós.

Anoiteceu

Fiquei suspensa,
Presa com as algemas
Libertadoras dessa dor deliciosa.
Despida, à luz do crepúsculo,
Sou tua e entrego-me contra essa parede rubra,
Sou o teu desassossego.
Guardaste cada linha do meu corpo
Na tua bola de cristal.
Sufocaste o meu sentir
Nesse beijo profundo e intenso,
Força que me prendeu a ti.
Morri em ti, meu pássaro de fogo,
Num sopro, fizeste de mim um ponto de luz
Que se desfez numa vertigem noturna
nas margens do meu leito.
Um momento com sabor e a preto e branco.
Anoiteceu.

Inocência perdida

As palavras perderam a inocência,
Já não são virgens
Pois fizeste amor com elas.
Despiste-as na noite
Que se pintou de negro
E delineaste os seus contornos
Com a ponta da caneta.
Profundamente.
Sentiste bem de perto as suas curvas
Deitaste-as sobre o lençol branco de papel.
Lentamente.
Vagamente.
Sentiste as palavras cruas,
Despidas, que serenamente crepitaram e arderam
Nas meninas dos teus olhos.
Deitaste-te sobre elas
E sentiste a urgência
De as possuir.
E foi esse poema que tomaste para ti
Que renasceste,
Nessa manhã húmida de inverno.

E à tua espera, enquanto o mundo dorme,
Ficaria, olhos quietos, a cismar…
Florbela Espanca

Disse-lhe *Até Amanhã*

Disse-lhe até amanha,
Pois tinha de partir.
Mas, no fundo, Eva sabia bem
Que era tempo demais.
A música deixou de tocar
Soando apenas a melodia pela porta mal fechada.
E, numa imagem tão solitária mas tão segura de si,
Ela ficou na sua poltrona à lareira
Na companhia das suas loucuras tão sãs,
Inventando mil e um ideais,
Querendo ser o que já foi,
Desejando esse amor para ela,
Tendo a seus pés os perdões rasgados de quem já partiu.
Enquanto saboreia um copo meio cheio de tudo
E meio vazio de nada,
Deixa-se cair no chão da origem do caos
Que permanecerá no seu ser
Adormecido por entre os espelhos quebrados.
Desejará acordar num amanha
Tão próximo como o corpo (do) Desejado que partiu.
Por entre as pétalas de rosa
Trazidas pela brisa que trará o seu destino:

O Desejado que terá como um único Destino o regaço
| vazio de Eva
Tão vazio de presença, mas cheio da ausência Desejada.

Caminhos lavrados por ti

Bate-se a porta devagar
Olha-se só mais uma vez.
Deseja-se estar lá,
Odeia-se estar aqui
E o silêncio permanece na ausência,
Mas continua tão presente na memória.

Estendem-se os braços para os espaços vazios,
Preenchem-se os silêncios
Com os soluços contidos.
Cala-se o grito da revolta
Com um até breve
E fica-se assim, deslavada,
Com a lágrima que lava a alma.

Lavram -se assim os caminhos da saudade,
Esse sentimento de recordação
Que nos relembra muitas vezes
Que todos bem lá no fundo
Temos um coração de papelão.

Desconheço a razão

Meu Amor, eu não sei a razão pela qual
Grito o teu nome numa vontade estranha
E as minhas mãos trémulas estão frias
Por não sentir o calor da tua pele.
O meu corpo procura-te
Ardendo lentamente,
Por não matar a sede dos beijos
Que não saciei na fonte do teu Amor.
Por isso, olho para as mãos vazias
Com que rasgo um coração perfeito
E fecho os olhos ao desejo
Quando lembro o sabor do teu beijo
E os meus braços se entenderam para ti.
Oiço a tua voz silenciosa
Numa vontade misteriosa
De me ler à luz que desmaia,
Para fazeres do meu corpo as formas da tua Arte
E assim escreveres no meu peito,
Lentamente,
Os versos que falam do que sentes por mim
E que nascerão no leito
E suavemente se tornarão imortais
Nos momentos lentos e calados
De profunda atração (quase) fatal.

Sem ti

Sem ti, o amor é vivido pela metade,
Como se fosse uma melodia
Que acompanha as letras no papel,
São apenas traços e não poesia.
Ainda sei de cor o teu corpo
Quando me deitei sobre os teus sonhos,
Ficando apenas pela metade,
Vestindo o véu da fantasia e do teu ser
Até a luz amanhecer.
Ficou apenas o perfume
Desses momentos que rasgámos em mil pedaços
De beijos e abraços.
Foi para o teu Ser que eu corri,
Não para nascer, mas para morrer
Em ti.
Apenas o beijo matou essa distância
E, nesse momento, não te contei mais segredos.
Anoiteceu e eu escondi-me nos teus dedos
Só para te sentir,
E à luz do teu Amor floresceu
Essa flor de fogo
Que colheste no meu colo.

Quando não estás…

Sinto falta de palavras.
Estar sem ti é incerto,
O tempo pára
E o caminho fica deserto.
Estar sem ti, não consigo,
Amo-te, mesmo quando não o digo.
Quando te afastas, a saudade aperta,
Mas nem sempre sei o que te dizer,
Não encontro as palavras certas,
És tudo o que um verso diz
Tudo o que existe num poema.
Apenas preciso das tuas asas
E o teu peito me basta,
Olho para o escuro céu
E vejo deitados o meu corpo e o teu.
Acorda, então, o que na alma
Estava adormecido.
Começou a chover (caricias) sobre o universo
E o meu coração floresce
Como flor noturna
Em ti.

Preciso de ti

Preciso de ti
Repito essa frase na minha mente silenciosa
Preciso de ti
Ouvir a tua voz para saber que estás aí
Preciso de ti
Que pares o teu relógio e que me ouças apenas
Preciso de ti
Amor frio para não aquecer demasiado o coração
Preciso de ti
De punhais para cortar as amarras
Preciso de ti
De luz quando a sombra ultrapassa o ser
Preciso de ti
De gritar para o silêncio para me fazer ouvir
Preciso de ti
Um toque nos lábios com sabor inesquecível
Preciso de ti
Desejar o que não tenho ansiado mais
Preciso de ti
Dar as mãos vazias para preenchê-las com quase tudo
Preciso de ti
Das carícias da brisa despida desejando que um dia sejam
| vestidas de sentido

Preciso de ti
Tempo para existir
Preciso de ti quando acho que não preciso de nada.

Onde me deito

Passo as noites acordada
Estou velha e fraca
Sinto que a força me abandona
Quando deixo de pensar em ti, Amor.
Penso em ti para te amar.
Penso em ti para te ver.
Penso em ti para te encontrar.
Atraso os ponteiros do relógio
Fico no intervalo do anoitecer e amanhecer.
Pouso a cabeça no teu peito
Para te ouvir pulsar.
Mantenho os sentidos despertos.
Não durmo.
Quando adormecer já não estarás aqui.
Na minha loucura
Creio que posso dar-te a Lua
Para que fiques com a alma que é tua,
E derramo a minha caneta de tinta no teu horizonte
Onde me deito para pensar.

Na eternidade

Cedo passa a hora
Quando, nas ondas que vão e vêm,
Sinto o amor nos braços e nas mãos.
Eu sou o Mar,
Mar prisioneiro que nas profundezas
Amarrou os seus fantasmas
E, quem sabe, um dia também lá ficarão.
Ouve-se o canto sombrio,
O canto dos temporais nesse silêncio mortal.
Rompeu-se aí a saudade
Na dança de sombra e luz
Que encanta e seduz,
Enquanto se aguarda o rasgar da escuridão
Na eternidade que é um relógio sem ponteiros.

Não há duvida, Amor, que te não fujo,
e que, por ti, cego, surdo e sujo,
tenho vivido eternamente preso!

David Mourão-Ferreira

Morre mas noutro dia

Morre noutro dia,
Não morras hoje.
Vamos ficar mais perto, pelo menos esta noite,
Vamos deixar que a escuridão nos envolva,
Que as estrelas sejam o nosso mapa astral
E que, simplesmente, a brisa nos acaricie.
Morre noutro dia,
Vive comigo um sonho acordado.
Vamos mergulhar nas ondas que conhecemos bem,
Sentir o pulsar do coração,
Sentir o pulsar apenas.
Morre noutro dia,
Morre amanhã.
Quando o amanhã chegar
Pedirei mais um dia, porque as noites são pequenas demais
E sei que, quando amanhecer, já não estarás aqui.
Nessa altura já terei acordado
Por isso, morre noutro dia.

Nas chamas do inferno

Ouvi dizer que o Amor morreu.
Quem o diria?
Parece que irei à missa
De sétimo dia.
Visto-me de encarnado
E caminho pelas ruas caiadas de inocência.
Triste ironia,
Mas não é pura coincidência.
Vestida de encarnado,
Cor do que sinto por ti,
Amor tentador, puro pecado.
Levo o mundo nas mãos
E na memória as imagens,
Parto rumo à tua última paragem
Para fazer-te uma homenagem.

Sou prisioneira de ti
Mas sinto-me bem
Desejo-te muito
Não quero estar com mais ninguém.
Chamei-te pela noite
E tu no meu sonho entraste

Quando tinhas tanto para me dar
Mas partiste e não me quiseste levar.
Muitas portas fechei
Por ti me perdi
Mas foi em ti que me encontrei.
Vejo-te como o Sol com o qual fiz a noite
E a noite o meu dia.
Acendeste o meu corpo
E deitaste-te como a minha metade
Entre a ousadia e a sensualidade.
Não te dou descanso eterno, meu amor, quero que fiques
| preso a mim,
Quero que ardas no inferno
Nas chamas que criei para ti (e que são nossas).

Amor ausente

O corpo está dorido,
Ultimamente não tenho dormido.
As horas são longas,
Nas noites em que a tua ausência
Fica suspensa em mim.
A luz faz-me pequenina
Mas alonga a sombra minha
Quando vagueio pela casa sozinha.
Ouço o eco dos meus passos no corredor
E a Solidão fica maior.
Sinto a falta do teu calor.
Algo me destrói,
É esse Amor que ainda me dói.
Bebo um licor de Saudade
Sentada no meu cadeirão.
Essa doçura amarga
Que me escorre pela garganta.
Aguardo a magia que irá cobrir
A minha alma vazia e sombria:
A esperança de te voltar a encontrar.

No teu poema, amor

No teu poema, amor,
Posso morrer agora
Quando as sombras adormecem.
Ainda não é tarde.
Posso morrer agora
Quando o dia desfalece
Nos braços da tua fantasia.
Não morreria nua e vazia,
Mas apenas com o que preciso:
Uma caricia e um sorriso.
No teu poema, amor,
Entre os teus lábios morreria.

Amo-te e não conheço ninguém como tu.
Quando não existias o vento uivava,
A chuva chicoteava a minha janela,
O vento espalhava as folhas pelo chão
E os pássaros fugiam.
Mas tu não fugiste.
Ouviste sempre o meu grito
Mesmo quando matei a luz do amanhecer.
Beijaste-me desde cedo.

Mesmo distante, ouvias a voz que não te tocava
Distante e dolorosa,
Como se tivesse morrido.
Mas o teu sorriso escrito no Canto da Primavera
Fez-me acordar e desejar morrer no teu poema.

O negro céu

O Sol secou as lágrimas
Que não deixei de ter.
Ficou o sorriso triste
Pois o Amor não consigo ver.
Começou a chover
Ficou negro o céu
Uma noite triste, penso de repente,
Surge com a vontade de te abraçar novamente.
Ficaram os gestos no ar
Toda a fantasia trancada
A minha voz ficou calada.
Deito-me sobre os versos que te faço
Enquanto a lua me deixa desnudada.
Tenho a alma fria
E o corpo num farrapo.
Sou uma sombra sozinha
Vestida com uma dor
Que é só minha.
Quis fugir aos medos
Mas tu fugiste-me por entre os dedos.
Fico no meu quarto
Fecho os meus olhos no chão

Adormeço reconfortada no calor das tuas mãos
(Que não sinto na minha pele).
O vento embala-me sem me mover
E no infinito segundo
Alheia ao *Amor*
Fora de mim e do mundo
Sinto que o Amor me toca
E revela os desejos mais ousados
Que em mim tenho guardados.

Sem os espelhos vi que estava nua (…) por isso com os
teus gestos me vestiste.
Sophia de Mello Breyner Andersen

Espero por ti noutro lugar

Espero por ti noutro lugar
No limiar dos sentidos
Onde ambos ficamos envolvidos
Pela pele tão suave como cetim
Que desliza por entre os dedos tão minuciosos
Tão leves, tão bem delineados
Que descobrirão por entre o tacto
O caminho que devem percorrer.
Deixemos a porta entreaberta
Deixemos que a luz se esconda
Para que possamos iluminar esse lugar com a capacidade
| de amar
Tão ténue e tão ardente
Tão doce como o perfume que paira entre as paredes
Forradas com os desejos escondidos
E os prazeres que são secretos
Para quem é cego e não sabe olhar
Para quem surge no horizonte vital.
Tatuemos a nossa pele com as vontades e fantasias
Que projetamos nos nossos dias
Tão simples e banais
Deixemos as palavras para amanha

E selemos com o beijo tão leve e inocente
Que está guardado no regaço de quem se ama
Esse momento que construímos e apelidamos
Como incondicional.

Da minha janela

À noite outras coisas vivem
Da minha janela não vejo as estrelas
Olho a paisagem mas não vejo ninguém
Mas no fundo da escuridão
Frio e delicado como a neve
Vejo um movimento leve.
A sombra de um corpo que avança devagar
E ousa revelar-se.
Finalmente vens ao meu encontro
Ajuda-me a fazer silêncio
Quando tenho uma vontade de chorar
Que vem de dentro.
Está frio e apenas tenho uma capa
Que o meu corpo pouco tapa.
Envolves-me como a noite
Deixas-me despida
Sem nada.
Tenho só o corpo, que sou eu
E o teu amor que é meu.
Agora é tarde…
Já amanheceu (em nós).

Nas asas de um anjo

As sombras tornaram-se defuntas
Na hora em que as nossas bocas ficaram juntas
Na hora em que o teu olhar me despiu
E me fez arder ansiosa no desejo.
Fizeste acordar em mim o Amor perfeito
Que no meu peito
Trago a pulsar.
Nos teus astros de fogo,
Olhos ardentes,
Provocaste em mim esta febre
Que me deixa completamente
Despida de barreiras.
Faz de mim a tua escrava
Que vagueia pela estrada
Das linhas do teu corpo.
Ouço o teu respirar junto ao meu ouvido
Quando fechas o meu mundo nos teus braços
E prendes nos teus dedos delicados
a minha alma.
É essa fantasia que vejo:
Num apelo mudo
Ouço o teu gemido

Que se torna agudo
E nos embriaga nesse prazer.
No momento em que cravo as minhas mãos
Nas formas do teu rosto,
Sinto o sangue a fervilhar
Que me faz elevar ao cimo do nosso desejo
E eu voo nas asas de um Anjo,
Que és tu.

Quando te beijo

Resgatámos as estrelas
Que caíram descuidadas.
A noite madruga
E os violinos tocam
Enquanto o rio escorrega tranquilo
E o Sol flutua no céu.
Quebra-se a penumbra.
O corpo está frio
O silêncio devasta as entranhas
Num desespero profundo.
No coração da floresta esse silêncio penetra,
Onde os segredos ocultos rondam,
Lobos discretos
Com esconderijos secretos.
Algo se agita e faz o coração palpitar
As tuas pupilas começam-se a agitar
E a tua alma fica acesa,
Quando te beijo.

O Naufrágio

Os meus lençóis são ondas do mar
Onde os nossos corpos foram naufragar
Quando eu me dei e tu também.
Entreguei a Saudade, agarrei-me ao teu desejo.
Naufragámos juntos
Mas contiveste-me nos teus braços.
Fiquei com os lábios magoados
Com fome da tua boca:
Ânsia urgente de te ter presente.
Os beijos ficaram ancorados em ti
Sob o céu
E tu, com as tuas mãos viajantes
Foste ao infinito de mim (profunda e longamente).

É meu o teu Amor
É meu o teu corpo
É minha a tua voz
E tudo o que me dás.

Agora deitados no divã
Não existe esperança vã.
Apenas no nosso tempo,

Numa noite ou dia qualquer
Morremos entrelaçados.
Ficamos sós, alheios do mundo,
Deixando o Tempo correr certo
E o Destino ser escrito
No Livro que o (nosso) Amor
Deixou aberto

Na gaiola do Amor

Gastámos as palavras na rua
Voámos como pássaros
Murmurei o teu nome e tudo estremeceu
Fizemos brilhar as estrelas no peito
Quando nos deitamos no céu do leito.
Afastámos o frio das paredes
Tal como a alma pede
Matei no teu corpo a minha sede.
Ficámos com as mãos doridas
De tanto as agarrarmos
E como um mar em dia de tempestade
Deitaste-te sobre mim
Fizeste de mim a tua metade.
Abraçaste-me como o rio
Traçaste as linhas doces do sorriso
E como um astro de fogo
A tua boca ficou ao pé da minha.
O amor voa comigo
Já não me sinto sozinha.
Senti o palpitar ardente do coração
Quando me roubaste o chão
E deixei a roupa rasgada.

Tornei-me uma alma condenada
Simplesmente aprisionada na gaiola de ti,
Sou o pássaro livre na tua prisão
Onde dou e recebo o teu Amor.

Impresso em Chiado Print, Lisboa, Portugal